AF335984

André DUMAS

L'Éternelle Présence

POÈME EN UN ACTE, EN VERS

PARIS

ÉDITIONS GEORGES CRÈS ET Cⁱᵉ

21, BOULEVARD SAINT-GERMAIN, 116

1917

DEUXIÈME ÉDITION

L'ÉTERNELLE PRÉSENCE

DU MÊME AUTEUR :

Paysages, poèmes, 1 vol. Lemerre, éditeur.

L'autre, un acte, en vers. Odéon.

Esther, Princesse d'Israël (en collaboration avec S.-Ch. Leconte).
Pièce en quatre actes, en vers. Odéon.

L'heure des Crimes, un acte, en vers. Théâtre Michel.

Sans Nouvelles (en collaboration avec Charles Le Goffic), un acte,
en prose. Comédie-Française. Crès et Cie, éditeurs.

Pour paraître prochainement :

Les Roseaux, poèmes, 1 volume.

Ma petite Yvette, roman, 1 volume.

Le premier Couple, drame en vers. Comédie-Française.

André DUMAS

—

L'Éternelle Présence

NOCTURNE EN UN ACTE, EN VERS

PARIS

ÉDITIONS GEORGES CRÈS ET Cie

116, BOULEVARD SAINT-GERMAIN, 116

—

1917

A Madame S. WEBER

En témoignage de ma fidèle admiration.

A. D.

PERSONNAGES

La Mère.	Mme SECOND-WEBER.
Le Fils.	M. GEORGES LE ROY.

L'ÉTERNELLE PRÉSENCE

Nocturne en un acte, en vers

PERSONNAGES

LA MÈRE | LE FILS

Un intérieur assez simple. La chambre d'un jeune homme. Table à écrire, armoire, planchettes couvertes de livres. Une mère aux cheveux blanchissants veille près de la cheminée. Un lit apparaît vaguement, derrière ses rideaux, dans un coin d'ombre. Il doit être très tard : grande sensation de mystère nocturne. La lampe éclaire à peine, mais une fine clarté lunaire argente les rideaux de vitrage. Très loin, sourdes rumeurs de canon qui cesseront après le premier vers.

LA MÈRE, *seule.*

Mon Dieu ! mon Dieu !... toujours ce grondement là-bas !...
        Elle tend l'oreille, n'entend plus rien.

Puis tout se tait... Quelle heure est-il ? — Je ne sais pas...
Tard sans doute, car l'huile a baissé dans ma lampe.
        Elle fait un mouvement pour se lever; attend encore.

Allons !... parmi cette ombre où la mort rôde et rampe,
Triste mère inutile, hélas ! à quoi te sert
De t'accouder sans fin à ton foyer désert ?

Quel impossible espoir te rive à cette place
Où, quand il rentrait tard, tu songeais dans ton coin ?
Les veilles ont usé ta pauvre tête lasse,
Et les beaux jours, — encor si près ! — sont déjà loin.

Que pourrait t'apporter cette nuit de Décembre ?
Ton fils s'en est allé pour ne plus revenir...
        Elle s'est levée, s'arrête; promène ses regards autour d'elle.

Et pourtant sa présence emplit encor la chambre.
Chaque objet remué réveille un souvenir.

Rien n'a changé !... Parmi son linge, dans l'armoire,
Les robes qu'il portait tout petit sont encor.
Ses cahiers, ses jouets dorment là... Sa mémoire
S'associe à tel point à ce calme décor,

Ses livres familiers rangés sur cette planche
Parlent tant de celui qui se pencha sur eux,
Et cette grande nuit de lune, pâle et blanche,
Ressemble tant aux nuits où nous étions heureux,

Aux soirs où je restais, près de l'âtre, à l'attendre,
Que parfois ma raison s'égare, et, par moment,
Je crois presque le voir reparaître, et l'entendre
Me répéter : " Bonsoir, maman !... "

UNE VOIX *dans l'ombre, presque un murmure.*

Bonsoir, maman !...

LA MÈRE

Lui ? — Non... J'ai pourtant bien entendu... Non, personne...
Rien qu'un souffle qui passe, un rideau qui frissonne.

Faut-il qu'au moindre bruit je sois tout en émoi ?...
C'est fini ! Bien fini !...

L'apparition s'est faite, plus douce que tragique, d'un « bleuet »,
bien sanglé dans sa tenue propre, n'évoquant plus rien des hor-
reurs de la guerre.

LA VOIX, *plus nette.*

Pardon, maman. C'est moi...

LA MÈRE, *comme dans un rêve, doutant encore.*

Toi, mon fils !...

Elle tend les bras, hésite, ne pouvant croire.

LE FILS, *avec une infinie tendresse·*

Oui, la nuit, dans l'immense mystère
De cette heure où les cieux semblent un peu plus près,
A ceux qui comme nous s'aimèrent sur la terre
Dieu permet quelquefois des rendez-vous secrets.

Car c'est un grand secret que l'homme heureux ignore,
Mais quand tout dort, que tous les bruits sont assoupis,

Plus d'une qui pleurait a pu surprendre encore
Le pas du bien-aimé glissant sur le tapis.

Et pour bercer ta peine et calmer tes alarmes,
Je viens à toi, ma mère...

LA MÈRE

Oui... c'est toi que je vois...
Mes yeux discernent mal, brûlés par trop de larmes,
Mais je reconnais bien tes gestes et ta voix.

C'est toi que j'ai veillé pendant ces nuits sans nombre
Où j'épiais ton souffle et te parlais tout bas...
Et si je fais un rêve et si tu n'es qu'une ombre,
Fantôme de mon fils, je ne te chasse pas !

Hélas ! dans ma détresse et dans ma solitude,
Je t'ai tant appelé depuis que tu partis,
Mon petit, au visage apâli par l'étude,
Car nos fils, même grands, sont toujours nos petits !...

Aussi qu'allas-tu faire en la grande bataille ?...
Toi, si frêle et chétif, pourquoi partir ?... Pourquoi ?...
Pour les rudes combats tu n'étais pas de taille.
La guerre, mon enfant, ce n'était pas pour toi.

Mais tu rêvais de gloire et je cachais ma crainte.
Ah ! le jour du départ, quand le train s'ébranla,
Que ne t'ai-je serré d'une assez forte étreinte
Pour te garder ?...

LE FILS, *sur un ton de tendre reproche.*

Maman ! non ! ne dis pas cela...

Rappelle-toi Paris, le tumulte, la gare,
Où tu voulus, vaillante, accompagner ton fils,
Et ces mères, roulant dans l'immense bagarre,
Qui faisaient par milliers le grand don que tu fis.

Rappelle-toi ce peuple insoucieux naguère,
— Travailleurs, boutiquiers, commis, étudiants, —

Clamant *la Marseillaise*, ou criant : " Guerre !... Guerre !... "
Quand bondissaient vers l'Est les trains impatients.

Les filles de Paris jetaient aux gars des roses,
L'ouvrière escortait l'ouvrier faubourien.
Des couples à l'écart songeaient à tant de choses
Qu'ayant trop à se dire, ils ne disaient plus rien.

Un sifflement soudain marqua l'adieu suprême.
Alors un grand baiser vers toi me souleva.
Tes bras me retenaient, mais tu m'offrais quand même.
Ta bouche disait : " Reste ! " et tes yeux disaient : " Va !... "

LA MÈRE

Mon petit, de ce jour chaque détail me reste.
Le moindre souvenir demeure si vivant,
Que, d'eux-mêmes parfois recommençant leur geste,
Mes bras pour t'enlacer se tendent en avant.
    Et elle tend les bras comme pour étreindre une ombre insaisissable.

Et je te vois encor, debout à la portière,
Me jetant un dernier baiser avec la main...
La rame des wagons glissa vers la frontière,
Alors je me vis seule et repris mon chemin.

Un train me ramena dans le village vide
Où le triste jour d'août lentement s'achevait.
Collant à ses carreaux son visage livide,
Presque à chaque fenêtre une femme rêvait.

Et le soir descendit, le premier soir du drame.
Je restai seule... Un train, je ne sais où, siffla.
La maison avait l'air d'avoir perdu son âme.
La France a peu dormi, mon fils, cette nuit-là.

Et, depuis lors, ma vie a passé, morne et grise,
Dans notre étroit logis que ta mort fit si grand.
Nuit après nuit, je reste à regarder, surprise
Que, rien n'ayant changé, tout soit si différent.

Parfois un bruit léger scande le grand silence.
Je me dresse, et j'ai beau, de mes yeux bien ouverts,

Chercher quel balancier dans la nuit se balance,
Je n'entends que le grand tic-tac de l'univers...

LE FILS

Crois-tu donc, maman, peux-tu croire
Que jamais l'ardeur des combats
Pût effacer de ma mémoire
La mère qui veillait là-bas ?
Je le sais... Le sort fut sévère
Que l'âpre devoir t'imposa.
Rude à gravir fut ton calvaire,
Pauvre " maman " *dolorosa*.

Mais si ton fils, mort pour la France,
N'est pas tombé, ma mère, en vain,
Peut-être aussi que ta souffrance
Répond à quelque but divin,
Peut-être que, toute meurtrie,
Si tu sanglotes à présent,
C'est qu'il fallait à la Patrie
Tes pleurs comme il fallut mon sang !

Va !... Ceux que l'égoïsme mène,
Ceux-là qui n'ont rien assumé
De la grande douleur humaine,
Qui n'ont point souffert, point aimé,
Plains-les !... Notre part est meilleure.
Jésus l'a dit et je le crois :
" Heureux, heureux celui qui pleure !... "
Pauvre maman, porte ta croix.

LA MÈRE

Mais, mon petit, ma part dans la commune épreuve,
Je l'acceptais... Pourtant, moi, j'étais déjà veuve.
J'avais payé ma dîme et n'avais plus que toi.
Pourquoi m'a-t-il fallu t'abandonner ?... Pourquoi
Fallut-il qu'à ta mort te manquât ma tendresse ?...
J'ai beau faire, un remords confusément m'oppresse.
Je sens que la maman qui rebordait tes draps
Eut tort de ne pouvoir te prendre dans ses bras.
Pour te rendre plus doux l'instant du grand passage,

Je t'aurais dit : " Dodo... Vois... Je suis là... Sois sage... "
Et je t'aurais baisé le front si tendrement
Que tu n'aurais pas su que tu mourais...

LE FILS, *très ému.*

Maman !...

LA MÈRE, *poursuivant.*

Toi qui si loin, si seul, sans amour, sans asile,
Tombas !...

LE FILS, *dominant son émotion pour consoler sa mère.*

Mourir, maman, n'est pas si difficile !...
— Je revois tout : c'était un matin de juillet.
La campagne immobile aurait eu l'air déserte,
Si, coupant les prés verts, une ligne moins verte
N'avait marqué la place où l'ennemi veillait.
— D'invisibles canons, tapis sous la ramée,
Grondaient : moi, je guettais à mon créneau, suivant

Du regard le vol blanc des flocons de fumée,
Quand un cri résonna tout à coup : " En avant !... "
— Tous partirent !... Soudain la bataille fit rage.
Nous allions, salués par les tirs de barrage,
Bondissant côte à côte, en groupes fraternels,
Sous l'entre-croisement des obus. . Les shrapnels
Éclataient. Dans le vent passait *la Marseillaise.*
Ayant jeté mon sac pour courir plus à l'aise,
J'allais, ivre, léger, sans poids... Il me sembla
N'avoir jamais vécu que pour cet instant-là !...
J'allais... Dans un rapide éclair de vie intense,
Devant moi repassa toute mon existence,
Et je t'apercevais, maman, si nettement
Que jamais tu ne fus plus près... Mais, au moment
Où notre vague allait atteindre une tranchée,
Soudain je me sentis la poitrine touchée.
Je tombai. Mes regards se brouillèrent un peu.
Et je me dis : La mort ! c'est donc cela !... "

LA MÈRE

Mon Dieu !...

LE FILS, *de plus en plus calme et consolant.*

Et ce fut un instant très paisible et très tendre.
Sur le sol maternel il fut doux de m'étendre.
J'oubliais l'ennemi qui s'acharnait là-bas,
Pour ne penser qu'à ceux que j'aimai sur la terre,
Ceux pour qui librement, en soldat volontaire,
     J'ai combattu les bons combats.

Tous je les revoyais à ce moment suprême :
— Femmes, enfants, vieillards, jeunes filles, — et même
La vierge aux blonds cheveux qui me sourit un jour.
Et, malgré l'ouragan déchaîné dans la plaine,
Sous le beau ciel d'été je mourus l'âme pleine
     De moins de haine que d'amour.

Dans un dernier adieu ton enfant t'a bénie.
Puis, sans même un sursaut de lutte ou d'agonie,
Il me sembla bondir d'un bord à l'autre bord.
— Ce fut tout. — Je fermai les yeux une seconde.
Lorsque je les rouvris, j'étais dans l'autre monde.
     J'ai d'un coup dépassé la mort.

4

LA MÈRE, *que gagnera progressivement une sorte d'extase.*

Pour la première fois, mon fils, pour la première,
Ces grands mots consolants je les entends ce soir.
Comme, à l'aube, la nuit se teinte de lumière,
Ta parole à mon deuil mélange un peu d'espoir.

Oui. Tu revis !... Des voix obscures qui m'arrivent
Disaient bien ta présence invisible, en effet.
D'ailleurs, je le comprends, tant que les mères vivent
Les fils ne peuvent pas être morts tout à fait.

J'accepte tout. — Debout au clair appel des armes,
— Oui ! — tu fis bien d'offrir ta poitrine au canon.
Quand la France est en pleurs, je veux ma part de larmes.
L'on voudrait m'épargner que je répondrais : " Non. "

Songer pourtant, songer qu'il nous était possible
De rester tous les deux bien serrés sous ce toit !...
Ta vie aurait coulé, lente, heureuse, paisible...

LE FILS

C'est alors que vraiment je serais mort pour toi.

LA MÈRE, *après un temps, sentant un espoir renaître.*

Donc, c'est vrai ?... Des liens peuvent unir encore
La mère presque morte au fils presque vivant.
Tu m'aperçois de quelque étoile que j'ignore.
Tu te penches sur moi comme avant...

LE FILS

Mieux qu'avant !...

Je ne suis plus qu'à toi, tout entier, sans partage.
Qu'aurait-il fait de moi, le monde, où, chaque jour,
Ton fils en grandissant te quittait davantage ?
Rien ne peut désormais atteindre notre amour.

Je sais tous les secrets de ton âme blessée.
Jamais si tendrement dans ton cœur je ne lus.
Jamais ton fils, sans cesse occupant ta pensée,
N'a tant compté pour toi que depuis qu'il n'est plus.

Et nous nous rejoindrons tôt ou tard dans l'espace.
Encore quelques nuits de solitaire émoi !
Chaque instant nous rapproche, et chaque jour qui passe
Est comme un pas de plus que tu ferais vers moi.

Nous nous retrouverons tels qu'aujourd'hui nous sommes.
Et ton petit, maman, qui te sera rendu,
Demeure ton trésor sur la terre où les hommes
N'ont éternellement que ce qu'ils ont perdu.

LA MÈRE, *peu à peu gagnée, tout enveloppée d'une tendresse mystérieuse.*

Oui, petit, je sens ta présence.
Comme au matin de ta naissance
Mon être a tressailli d'espoir.
Ta chambre vide... n'est plus vide,
Puisque le temps qui se dévide
Prépare un éternel revoir.

Tu resteras ma douce étoile.
J'avais devant les yeux un voile

Qui s'est lentement écarté,
Ta voix a fait ma nuit moins sombre...
— Ah ! si ton ombre... était une ombre,
Que serait alors la clarté ?...

Les premières blancheurs du jour filtrent à travers les rideaux.

LE FILS

Mais déjà l'aube pâle argente la fenêtre.
Pourtant, si l'heure tinte où je dois disparaître,
Tout le meilleur de moi te reste...

LA MÈRE, *voulant le retenir.*

Oh ! parle encor !...

Répète-moi...

LE FILS, *jetant cette phrase comme un adieu.*

L'amour est plus fort que la mort.

LA MÈRE, *pour bien se convaincre elle-même.*

Oui. D'invisibles fils qui nous liaient nous lient.
A tout, même à la mort, ils pouvaient résister.

LE FILS

Les morts n'oublient jamais que ceux qui les oublient.
Il ne tient qu'à l'amour de les ressusciter !...

Un temps. Les lueurs d'aube se précisent.

Et maintenant, adieu, maman !... Espère... Espère...
Songe au grand rendez-vous dans le ciel étoilé.

LA MÈRE, *infiniment tendre et maternelle, retrouvant son langage,
son accent d'autrefois.*

Adieu, petit... Prends garde au froid...

LE FILS, *dont la voix se fait déjà lointaine.*

Adieu, ma mère !...

LA MÈRE, *seule, en extase.*

Heureux celui qui pleure, il sera consolé !

Aux armées. Janvier-Février 1917.

PARIS
Imprimerie Artistique «Lux»
131, boul. Saint-Michel